Georges S

De l'Église
et de l'État

Essai

ISBN : 978-2-37976-292-5

10 9 8 7 6 5 4 3 2 1

Georges Sorel

De l'Église et de l'État

Essai

Table de Matières

De l'Église et de l'État

Beaucoup d'obscurités sont jetées sur la question du domaine ecclésiastique par suite de l'habitude que l'on a prise de le confondre avec le domaine des particuliers ; et cette confusion tient à l'emploi de la fiction de la personne civile. Cette fiction est née des convenances de la procédure romaine et elle ne correspond à aucune notion philosophique adéquate. Il est à remarquer que depuis assez longtemps les ordres religieux ne sollicitent plus guère cette faveur, qui n'est pas nécessaire pour leur fonctionnement. « Que vous importe, disent les moines, notre système d'administration intérieure ? La loi aurait raison de nous imposer l'obligation d'avoir une personnalité civile si nous n'avions pas de représentants solvables, qui prennent toutes les responsabilités qui peuvent se présenter. Si nous causons des dommages, il faut que nous puissions être poursuivis et qu'on puisse faire exécuter les jugements. La question est de savoir si, en fait, nos représentants donnent toute garantie aux gens qui peuvent avoir à plaider contre nous. [1] Nous sommes exposés à être quelquefois trompés par nos hommes de confiance ; mais nous nous contentons de cette situation. »

Pourquoi donc fait-on des lois sur les associations religieuses, si celles-ci se contentent du régime du droit commun ?

Avant la Révolution le problème de la mainmorte se posait surtout au point de vue agronomique ; on observait que les vastes domaines des abbayes étaient souvent négligés, parce que les moines ne voulaient pas se priver d'une partie de leurs revenus pour faire des améliorations ; les papes, eux-mêmes, [2] ont vainement lutté pendant des siècles pour tâcher de faire cultiver la campagne romaine. On pensait que des familles attachées au sol cultiveraient mieux que des corporations, qui avaient tous les vices des *latifundistes* vivant loin de la terre et ne s'y intéressant pas. L'expérience a

---

1 Il est à noter que la loi de 1884 sur les syndicats professionnels n'a pas beaucoup tenu compte de cette considération, car le syndicat peut disparaître sans qu'on ait de recours contre ses membres.

2 Sabatier. L'Église et le travail manuel, pages 144-205. Les papes autorisèrent à cultiver les latifundia incultes en payant aux propriétaires des redevances en nature déterminée — du cinquième au septième. Pie VI permit même la culture sans redevances sur les terres que les propriétaires laisseraient incultes, alors qu'elles étaient comprises dans l'assolement obligatoire qu'il avait imposé à la campagne romaine.

prouve que Ion ne s'était pas trompé.

On trouvait qu'il était absurde, en un temps où le pays était pauvre, de prélever sur le revenu total une somme énorme destinée à entretenir une grosse armée de gens qui restaient inoccupés. Il est assez remarquable que durant les années qui suivirent la Révolution, beaucoup de familles de la petite bourgeoisie se plaignaient d'avoir perdu un débouché pour leurs enfants.

On sait, enfin, combien la question de la population préoccupait nos pères ; ils pensaient que la propriété est surtout faite pour les familles, pour permettre d'élever les enfants ; ainsi les monastères devaient leur paraître ne pas mériter le droit d'être propriétaires. [1]

Aujourd'hui les considérations économiques n'ont plus autant de valeur qu'au dix-huitième siècle. Dans l'Église s'est formé un parti militant ; sa richesse et son administration intéressent, dès lors, beaucoup plus l'homme d'État que le juriste et l'économiste. La législation a maintenant pour objet de contrôler cette fortune ; Napoléon avait soumis à la surveillance de l'État les biens du clergé séculier ; la loi que l'on vient de voter établit un régime analogue pour ceux du clergé régulier. Les associations religieuses ne sont plus des sociétés pouvant poursuivre librement des fins particulières ; il faudra plutôt les comparer aux séminaires, chapitres de cathédrales, fabriques d'église ; elles ne seront pas assimilées aux associations ayant acquis la personnalité civile par une déclaration d'utilité publique ; elles deviennent des corps auxiliaires, presque des établissements publics. [2]

Il est bien remarquable que d'après la théorie de M. Waldeck-Rousseau ces associations religieuses officielles ne seront jamais propriétaires ; elles auront seulement l'administration de certains biens, *affectés* aux usages en vue desquels l'État les autorise à fonctionner. Mais si elles viennent à être dissoutes, les donateurs pourront revendiquer les biens, sans qu'on puisse leur opposer la prescription ; et ce qui n'aura pas été vendu deviendra bien sans

1 Je crois qu'on ne peut donner une théorie satisfaisante de la propriété, au point de vue de la philosophie de l'histoire, quand on ne la rattache pas à la famille. Beaucoup de théoriciens ont complètement négligé ce point de vue, faute d'avoir considéré les faits.

2 Je crois donc qu'on a eu tort de regarder la loi nouvelle comme une préparation de l'abolition du Concordat ; elle me semble être un renforcement du régime concordataire. M. Waldeck-Rousseau ne lui a pas, d'ailleurs, attribué un autre caractère.

maître. [1] Je crois que cette doctrine est celle qui correspond le plus exactement à la vraie nature des choses. L'Église est impuissante à posséder.

En politique comme en économie, on a fini par admettre que la sagesse est dispersée dans la masse, que la valeur des choses ne se mesure qu'à l'épreuve et qu'il faut faire appel, le plus qu'il est possible, à l'expérimentation. Le régime parlementaire est fondé sur le même principe que le régime économique capitaliste ; il ne fonctionne convenablement que dans les pays où l'esprit industriel moderne est fortement développé et là où les classes industrielles jouent un rôle prépondérant dans les Parlements. C'est un régime où tout est provisoire ; la variabilité du pouvoir a pour conséquence de faciliter des corrections successive » dans les lois et de ne pas permettre aux abus de s'accumuler dans une progression croissante. Ce qu'il y a surtout d'essentiel dans les pays de liberté moderne, c'est le contrôle exercé par le premier venu sur les pouvoirs publics ; et la législation relative à la presse a été rédigée de manière à ce que le contrôle puisse s'exercer à peu près sans limites. Le respect de l'autorité est réduit à rien en politique, tout comme en industrie ; la révision des lois est perpétuellement à l'ordre du jour, comme la transformation des procédés techniques reçus.

L'Église ne comprend rien à ce régime, qui lui semble être la négation même de toute raison ; elle se demande où tend cette activité fébrile ; il lui semble absurde de se lancer avec tant d'audace sur des routes inconnues. Sa notion de la propriété si vague, sa conception d'un simple droit d'usage accordé par Dieu à l'homme, son idée d'une communauté humaine régie par la Providence, voilà autant de raisons qui lui rendent difficile de saisir cette déchirure complète pratiquée par l'homme dans la nature, cette indépendance de chaque producteur qui essaie ce qu'il invente en n'exposant que lui-même, cette rage de destruction des aspect » anciens des choses pour essayer au hasard du génie de chacun. Il semble à l'Église que cette audace du Prométhée moderne ressemble fort à un sacrilège ; aussi n'a-t-elle pas manqué de lancer des anathèmes contre cet esprit qui ne respecte rien.

Les auteurs catholiques ont assez généralement bien vu que l'anarchie religieuse, l'anarchie politique et l'anarchie économique

1 *Journal officiel,* 29 juin 1901, pages 1660-1661.

se tiennent très étroitement dans l'histoire moderne ; ils ont cru que ce sont les conséquences d'un même esprit de révolte qui s'empara de l'humanité au seizième siècle ; ce seraient trois aberrations de l'esprit, dont le protestantisme devrait porter la principale responsabilité. [1] « C'est le même faux dogme de la liberté absolue qui, après avoir commencé son œuvre de destruction dans le domaine religieux, après avoir continué ses ravages dans l'ordre politique, devait compléter son action dissolvante dans l'ordre économique. » Il semble beaucoup plus vraisemblable que c'est l'inverse qui est vrai ; le protestantisme est devenu libre quand il a pénétré dans des classes qui pratiquaient la liberté industrielle, et ce sont ces classes qui ont amené les anciennes constitutions représentatives à revêtir la forme parlementaire.

Nous avons relevé ailleurs que le christianisme avait laissé de côté la considération des droits pour ne parler que des devoirs ; cette théorie se trouve parfaitement d'accord avec l'économie césarienne. « *Il n'y a que des devoirs,* dit M. Waltzing... [2] Le droit ou la liberté politique : vains mots pour eux... Les droits civils et privés : ils sont confisqués, ou bien il en reste juste assez pour faciliter aux *corporati* le service de l'État et des villes. »

*
* *

Pas de droits ! C'est-à-dire qu'il n'y aura plus dans le monde que des rapports administratifs ; c'est-à-dire que toute la vie des citoyens sera subordonnée aux considérations de convenance et d'opportunité, ou bien à la recherche de certains avantages généraux, que le gouvernement prétend être le seul à pouvoir apprécier. La justice proprement dite passera au second plan ; c'est ce qui est bien remarquable dans l'Église.

L'un des plus grands efforts de la législation moderne a eu pour but de séparer, autant que possible, l'administration et la justice, afin que les habitudes d'esprit que prend l'administrateur ne viennent pas vicier l'esprit du juge. Sous l'Ancien Régime, il y avait eu souvent confusion entre ces deux offices, et nos pères avaient été vivement frappés par des abus qu'ils voulurent faire disparaître. Dans

---

1 Charles Antoine. *Cours d'économie sociale,* pages 190-191. L'auteur est jésuite.
2 Waltzing. *Étude historique sur les corporations professionnelles chez les Romains, depuis les origines jusqu'à la chute de l'Empire,* tome II, pages 481-482.

la justice, la discussion s'engage nt entre des personnes abstraites qui fondent leur : prétentions sur des principes généraux, la qualité des plaideurs n'entrant pas en ligne de compte, le citoyen peut se défendre contre l'autorité en invoquant le droit. Les formalités du droit civil ont acquis une telle importance que pour assurer des garanties aux accusés, on n'a pas trouvé de meilleur moyen que de copier, en matière criminelle, la procédure civile.

Contre ce procédé, les criminologistes contemporains ont élevé beaucoup d'objections ; il leur est facile, évidemment, de montrer que le procès civil et le procès criminel ne se ressemblent en aucune façon ; mais tout le monde le sait aussi bien queux ; il ne s'agit pas du fond du procès, mais des moyens que l'on peut employer pour garantir l'accusé contre l'autorité qui le poursuit. Suivant les criminologistes, il aurait fallu remettre l'accusé à des experts chargés d'examiner quelles sont les mesures les plus efficaces à prendre pour le mettre hors d'état de nuire, ou môme pour le ramener dans le bon chemin ; — par analogie avec ce qui se passe pour les aliénés, les experts auraient pu garder *leur sujet* aussi longtemps qu'ils l'auraient jugé utile. Ces *grands progrès de la science* nous auraient ramenés tout simplement aux conceptions ecclésiastiques et à l'arbitraire de la pénitence. L'accusé n'aurait eu d'autre garantie que celle qu'il pouvait trouver dans la conscience des experts ; et ce n'est pas beaucoup.

Bien loin d'entrer dans cette voie on a fait un pas décisif dans le sens des garanties juridiques en accordant à l'accusé le droit d'avoir un défenseur pendant l'information. Sous l'Ancien Régime il n'en avait à aucun moment du procès ; il devait se défendre lui-même et, par un comble de logique, il ne pouvait être admis à faire la preuve que sur les *faits justificatif s* choisis par le juge : la conscience du magistrat était souveraine. [1] Un dernier reste de cette doctrine se retrouve dans une disposition célèbre de la loi du 22 prairial, an II : « La loi donne pour défenseurs aux patriotes calomniés des jurés patriotes ; elle n'en accorde point aux conspirateurs » (article 6) ; comme dans beaucoup de mesures prises par le gouvernement révolutionnaire on retrouve ici l'influence de l'esprit d'Ancien Ré-

---

1 On prétendait ainsi rechercher la vérité par les moyens les plus simples et se mettre à l'abri des faux témoignages combinés entre les amis de l'accusé ; ainsi quand un fait était déjà considéré comme prouvé (par deux témoins ou autre moyen de preuve légale) il n'était pas admis qu'il y eût une preuve contraire à tenter.

gime si puissant chez Robespierre.

L'Église — comme les modernes criminologistes — ne comprend pas que l'accusé puisse prétendre se mesurer, à armes égales, avec l'autorité, qui représente l'intérêt général. Ses tribunaux sont des conseils administratifs qui cherchent à prendre des mesures propres à faire prospérer l'Église, à assurer une exacte discipline et à éviter des scandales. Toutes les personnes qui ont pu étudier le fonctionnement des officialités à la fin de l'Ancien Régime ont pu se rendre compte des raisons pratiques qui avaient fait donner tant d'extension à l'appel comme d'abus, au moyen duquel on finit par enlever presque toutes les affaires aux tribunaux ecclésiastiques pour les porter devant les Parlements : les officialités étaient une caricature de la justice.

L'Église a toujours réclamé avec insistance le jugement des testaments et celui des mariages, parce qu'à ses yeux la question principale est ici une question morale et que les intérêts matériels en jeu devraient être subordonnés à des considérations de conscience.

Le testament est, pour l'Église, un acte qui n'a aucune raison économique ; il a pour objet des *œuvres satisfactoires* destinées à permettre la purification de l'âme du moribond. [1] Tandis que, pour Le Play, le testament se justifie par les besoins du domaine paternel, qu'aux convenances de l'exploitation on doit sacrifier les intérêts des enfants, qu'on cherche à éviter de charger l'œuvre de dettes trop lourdes, — pour l'Église le testament aboutit à imposer au domaine des charges et à dépouiller les héritiers au profit des clercs. Il est la manifestation des remords qui troublent la conscience du père ; l'Église, chargée de réconcilier les pécheurs et possédant des rites capables de leur éviter des souffrances dans l'autre vie, rattache le testament à ses disciplines du sacrement de pénitence ; elle seule peut connaître l'état d'âme du testateur, déterminer quels étaient les besoins de son salut et savoir s'il était disposé à faire les sacrifices nécessaires pour éviter le Purgatoire. En jugeant les testaments, elle prenait la défense du malheureux absent contre des héritiers avides ; elle faisait œuvre de protection et de charité — en même temps qu'elle augmentait ses revenus.

---

1 « La confession à l'article de la mort et les legs pieux étaient au Moyen-Age deux idées conjointes et, pour ainsi dire, inséparables. » (Viollet. *Précis de l'histoire du droit français,* page 744)

Le mariage a des fins très multiples ; mais ce qui est surtout important, ce qui a justifié, d'après le catéchisme romain, la dignité de sacrement qu'on lui reconnaît, c'est qu'il sert à procréer des sujets pour l'Église ; [1] en second lieu il sert à combattre le libertinage. Les tribunaux ecclésiastiques sont des bureaux de police chargés de surveiller les mœurs et d'assurer la complète exécution des lins matrimoniales : de là résultent tant de décisions bizarres et parfois scandaleuses selon les idées modernes. La séparation de corps offre un double inconvénient : elle prive l'Église de sujets et elle expose les époux à tomber dans l'incontinence : aussi les canonistes se sont-ils ingéniés à forcer les époux a se rapprocher : un homme qui s'est séparé de sa femme convaincue d'adultère et qui tombe, à son tour, dans la même faute, doit reprendre la vie conjugale. Il nous semblerait qu'il y ait double motif pour rendre ici l'union conjugale impossible, mais l'Église juge les choses tout autrement ; les deux fautes se compensent ; Fourier dira plus tard que deux négations valent une affirmation.

Il ne paraît pas que les docteurs ecclésiastiques soient parvenus à comprendre, encore à l'heure actuelle, les raisons qui ont rendu le divorce nécessaire. L'Église a raison quand elle dit que le mariage n'est pas un contrat de louage de services ou un contrat de société et qu'ainsi il ne saurait être rompu pour les motifs qui amènent la rupture d'obligations civiles ; mais elle ne voit pas que, dans l'État moderne, ce qui est essentiel dans le mariage est l'*autorité* déléguée au chef de famille par le magistrat. C'est à cause de cette délégation que les législateurs modernes ont retiré au prêtre le droit de rendre le mariage légitime ; cette autorité reste toujours sous le contrôle des tribunaux. [2] Lorsque l'union des époux est devenue impossible, que l'autorité serait abusive, que reste-t-il du mariage ? Le divorce devient alors nécessaire, parce qu'il importe que, dans l'État moderne, l'autorité soit toujours exercée avec dignité et qu'elle ne serve pas à des fins autres que celles en vue desquelles la délégation avait été faite. [3] Le retour à la vie commune dans les conditions où l'Église l'impose après double adultère, serait pleinement destruc-

---

1 *Ut populus ad veri Dei et Salvatoris nostri cultum et religionem procrearetur atque educaretur.*

2 Les tribunaux exercent, dans ce cas, une action disciplinaire ; mais celle-ci est entourée de formalités juridiques en vue de donner des garanties aux citoyens.

3 Par exemple pour obtenir des revenus auxquels on n'aurait pas droit.

tif de la dignité et il nous semble aujourd'hui monstrueux.

Dans les testaments l'intérêt des familles et dans le mariage le respect de la dignité jouent un très faible rôle aux yeux de l'Église, uniquement occupée de sa propre puissance. [1]

Le droit ecclésiastique est constitué de telle sorte que l'autorité puisse faire à peu près tout ce qu'elle juge convenable ; il n'y a guère de cas où les canonistes ne fournissent le moyen de donner un décor juridique aux décisions les plus arbitraires ; mais comme toutes leurs subtilités ne seraient pas encore toujours suffisantes, l'Église s'est assuré la faculté de passer par-dessus les règles, en réservant au pontife romain le droit de décider ce qu'il juge bon de décider pour le plus grand bien de la communauté. Cette intervention, qui donne tant de *liberté à l'administration,* supprime à peu près totalement le droit : pour employer le langage des philosophes grecs, l'Église substitue le régime des décrets au régime des lois. [2]

Le droit ecclésiastique est un droit tout à fait analogue à la partie du droit pénal qui s'occupe des crimes politiques ; les condamnations prononcées pour délit politique n'ont jamais été assimilées aux condamnations ordinaires. Le type le plus parfait de cette législation se trouve dans la loi du 22 prairial an II, que j'ai déjà citée : « La règle des jugements est la conscience des jurés éclairés par l'amour de la patrie ; leur but, le triomphe de la République et la ruine de ses ennemis » (article 8). En changeant patrie et République en Église, on aurait la règle du droit ecclésiastique.

La doctrine de la souveraineté s'est maintenue longtemps dans les écoles par des raisons de polémique ; pour rejeter le contrôle pontifical sur les États, on inventa le droit divin des rois ; et le dogme pontifical devint chimérique le jour où les princes furent assez forts pour faire respecter leur autorité. Plus tard on inventa la souveraineté des peuples, qui donna lieu à beaucoup de variantes : les uns voulaient que les peuples pussent aliéner leurs droits en faveur d'une famille — par vente ou par emphytéose perpétuelle ;

1 Les traités de droit canon rangent les testaments et les mariages dans la partie qui s'occupe des choses *(de rebus)* avec les bénéfices, l'administration des biens et tous les intérêts temporels de l'Église.

2 « Il n'y a de constitution, dit Aristote, qu'à la condition de la souveraineté des lois... Si donc la démocratie est une des deux espèces principales de gouvernement, l'État où tout se fait à coup de décrets populaires n'est pas une démocratie. » *(Politique,* livre VI, chapitre iv, 7)

d'autres soutenaient qu'il ne pouvait y avoir que délégation temporaire — par une sorte de louage ; d'autres enfin prétendaient que les citoyens doivent vivre comme des associés. [1] Aujourd'hui les théories sur la souveraineté sont abandonnées par tous les gens raisonnables : l'*absolu est banni* de la politique et tout le monde convient que *la liberté est* l'*essence de la démocratie*.

L'idée de la souveraineté est aujourd'hui purement ecclésiastique, et si on la voit quelquefois reparaître dans le monde c'est que les idées d'origine catholique sont toujours très puissantes. [2] Appliquée au domaine économique, elle conduit à des résultats absurdes ; elle suppose une servitude universelle : défense aux producteurs d'innover sans la permission de la police, obligation pour les consommateurs de se contenter de ce que veulent bien leur offrir les corporations réglementées. Cette absurdité économique a vivement frappé les esprits et n'a pas peu contribué à ruiner les théories des philosophes anciens sur la souveraineté.

*
* *

Nous avons été amenés à considérer l'opposition du monde moderne et de l'Église sous des formes déjà fort abstraites ; bien des personnes prétendent que cela est insuffisant et qu'il faut faire dériver cette opposition des théories que la société moderne et l'Église se font sur la science. Taine a soutenu cette opinion et il est nécessaire d'en dire quelques mots.

Pendant très longtemps les représentants des idées libérales ont prétendu que le monde est gouverné par des principes ; mais dans ces dernières années il s'est produit un grand changement dans leur manière de penser ; on pourrait dire que *d'idéalistes ils sont devenus matérialistes*. La pratique du gouvernement leur a montré que les choses ne se passent point aussi simplement qu'ils le croyaient autrefois et ils proclament maintenant que les contradictions idéologiques importent assez peu dans la pratique. Ils ne nient pas qu'il n'y ait une distance énorme entre les idées ecclésiastiques et les idées issues de la Révolution ; mais ils soutiennent que des

---

1 Pour juger la politique ou emprunte ainsi les termes du droit civil.
2 Pour justifier la conversion d'office de la rente italienne, M. Crispi a soutenu que les États, en *raison de leur souveraineté,* ne sont pas tenus de respecter les contrats qu'ils passent avec les particuliers, dans les mêmes conditions que le simple citoyen.

hommes peuvent se consacrer à des œuvres communes sans être d'accord sur les principes abstraits et que l'*unité intellectuelle* d'un pays n'a pas l'importance qu'on lui attribuait jadis. Taine dit [1] que les conflits qui existent entre la science et la religion sont capables de créer « dans l'âme de chaque catholique un combat et des anxiétés douloureuses » ; il voit dans ce conflit idéologique la grande question des temps modernes. En accordant à Taine que le tableau dressé par la tradition catholique et celui que dessine peu à peu la science contemporaine soient « irréductibles l'un à l'autre », on ne saurait accepter pour cela ses conclusions sans preuves ; il faudrait établir, par des faits nombreux, précis et vraiment démonstratifs, que cette discordance est de nature à troubler le jugement des catholiques, soit dans la vie civile, soit dans les recherches scientifiques. Taine, qui est d'ordinaire si désireux d'apporter des preuves à l'appui de ses moindres affirmations, se contente ici d'un raisonnement. Sa psychologie intellectualiste et quasi-mathématique ne lui permettait pas de comprendre qu'il n'y eût pas un parallélisme absolu entre les états d'âme et les conditions objectives ; en conséquence toute contradiction entre deux conceptions de la nature poussées à leurs dernières limites d'abstraction doit se traduire par un combat dans l'homme qui les accepte toutes les deux ; toute contradiction qui apparaît comme grave, évidente et puissante à un esprit éclairé, doit revêtir les mêmes caractères pour tout esprit éclairé ; ce que Taine juge troublant, doit troubler les catholiques. L'expérience ne nous montre pas que les savants catholiques *actuels* soient gênés plus sérieusement par la théologie traditionnelle que les savants libres ne le sont par leurs hypothèses générales sur le monde. Je reconnais volontiers qu'en matière historique les écrivains ecclésiastiques n'ont pas une liberté d'esprit absolue ; mais il en est de même pour tous les historiens qui s'occupent à la fois de recherches d'érudition et de politique. On sait que Rossi [2] fut longtemps accusé par les théologiens d'accumuler des hérésies dans ses publications sur l'archéologie chrétienne ; ces attaques ne l'ont pas empêché de faire une œuvre utile et considérable, qui ne comporte, en définitive, aucune conclusion théologique.

---

1 Taine. *Le régime moderne,* tome II, page 142.
2 J'emprunte ce renseignement à une notice de l'abbé Duchesne, publiée dans le *Bulletin de l'Institut catholique de Paris,* juin 1892.

Aux yeux de Taine, le dogme de la transsubstantiation, tel qu'il a été rigoureusement défini au seizième siècle, est un de ceux qui « sont les mieux faits pour empêcher à jamais toute réconciliation entre la science et la foi ». L'exemple est, en effet, très heureusement choisi, parce que les docteurs catholiques ont commis ici la grande imprudence de fonder ce dogme sur une théorie physico-chimique qui correspond à une ancienne philosophie naturelle et qui pourrait, par suite, causer de sérieux embarras aux savants contemporains, La question est de savoir si, en réalité, ce dogme a créé quelque gêne pour les recherches des physiciens ou des chimistes catholiques : aucun raisonnement ne peut rien nous apprendre sur ce sujet ; il faut faire appel à l'observation ; — et je crois pouvoir affirmer, d'après mes recherches personnelles, que l'hypothèse de Taine n'est pas confirmée.

Au lieu de prétendre que certains phénomènes doivent se produire d'après les lois de la psychologie, il aurait été plus scientifique de chercher comment les lois classiques de la psychologie, que Taine croyait certaines, devaient être complétées pour tenir compte de l'observation. Il y a certainement un grave problème à résoudre : il est certainement singulier que des penseurs catholiques puissent si facilement s'arranger de théories qui semblent contradictoires ; mais, de tout temps, les théologiens ne sont-ils point parvenus à faire bon ménage à des théories bien opposées en apparence — comme celles de la liberté et de la grâce ?

Bien loin que les conflits de la science et de la foi augmentent d'intensité, il semble qu'ils aient été beaucoup plus graves autrefois qu'aujourd'hui ; il faudrait se demander si les conflits anciens ne furent pas des luttes entre deux conceptions scientifiques plutôt que de vraies questions religieuses : les dénonciations des théologiens servaient souvent à satisfaire bien des haines, comme nous la montré M. Lea dans son *Histoire de l'Inquisition*.

Les théologiens qui condamnèrent Galilée croyaient que les nouvelles théories astronomiques pourraient troubler les âmes, parce qu'on avait toujours expliqué l'Ecriture en se servant de la théorie de Ptolémée ; ils raisonnaient à peu près comme Taine ; mais l'expérience a montré que les âmes n'ont pas été troublées du tout. Je ne crois pas qu'on puisse tirer parti, dans cette question, de la conduite de Descartes, qui garda en manuscrit son traité de *la Lu-*

mière après la condamnation de Galilée : les collèges de Jésuites étaient alors à peu près les seuls qui fussent destinés à faire des lettrés en France ; Descartes s'efforçait de *créer une philosophie à l'usage des gens du monde ;* il devait donc désirer se concilier la faveur des directeurs des seuls établissements qui pouvaient accepter sa philosophie. [1]

L'explication de Taine, en tout cas, ne pourrait s'appliquer qu'aux professionnels de la science ; et le grand phénomène religieux moderne est le détachement des peuples qui abandonnent l'Église. [2] « Par un recul insensible et lent, la grosse masse rurale, à l'exemple de la grosse masse urbaine, est en train de redevenir païenne ; depuis cent ans la roue tourne en ce sens, sans arrêt... Le christianisme intérieur, par le double effet de son enveloppe catholique et française, s'est réchauffé dans le clergé, surtout dans le clergé régulier ; mais il s'est refroidi dans le monde. » Pour expliquer cela, Taine nous parle du besoin de libération que toutes les classes éprouvent aujourd'hui, de l'inique système d'oppression que la France a subi sous la Restauration et le second Empire, quand l'Église et l'État marchaient la main dans la main. Ce sont, en définitive, des raisons purement historiques et non des raisons idéologiques qui ont causé la lutte.

Il est facile de voir, dans toutes les polémiques engagées contre l'enseignement de l'Église, que ce sont des motifs politiques qui dirigent les esprits. Quand l'État républicain résolut d'établir l'éducation populaire laïque, il n'était pas sous l'impression de mobiles métaphysiques : le but à atteindre était très prochain et tout matériel. Les hommes qui venaient de conquérir le pouvoir étaient persuadés qu'il était nécessaire, pour assurer la durée de la République, d'habituer les nouvelles générations à identifier République, Patrie et France. Ils ont réussi dans leur entreprise et plus, peut-être, qu'ils n'avaient espéré, car ils ont engendré des passions chauvines qui ne sont pas sans les avoir beaucoup gênés. [3]

La force des formules abstraites et leur permanence dépassent tout ce qu'on peut imaginer ; de même que nous ne savons bien

---

1 Galilée avait été dénoncé par des jésuites. Th.-H. Martin, *Galilée,* page 171.
2 Taine. *Op. cit.,* page 151.
3 M. Buisson a pu s'en apercevoir quand les *patriotes* l'ont honni à cause de son rôle dans l'affaire Dreyfus.

exprimer nos pensées que dans notre langue maternelle, [1] nous finissons par nous attacher, d'une manière particulière, aux idées que nous manifestons en nous servant des acquisitions les plus anciennes de notre mémoire. Les hommes qui ont reçu renseignement primaire dans les écoles publiques créées depuis la guerre ne peuvent parler d'histoire et de politique sans utiliser le vocabulaire extrêmement restreint qu'on leur a appris à manier, et ce vocabulaire est républicain et nationaliste. Ils sont devenus républicains parce qu'ils ne peuvent arriver à se représenter un autre gouvernement ayant le sens commun à leurs yeux que le gouvernement républicain ; ils sont nationalistes parce que toutes leurs pensées sur la politique générale sont déterminées d'avance par les formules patriotiques qu'on leur a inculquées à l'école.

Pour réaliser cette œuvre colossale, il a fallu briser des institutions établies, froisser beaucoup d'intérêts et menacer le pouvoir que l'Église exerçait en matière d'enseignement : quand on a commencé l'œuvre scolaire républicaine, l'Église était engagée dans des alliances étroites avec les partis monarchiques ; on crut qu'il était impossible de lui laisser la place qu'elle occupait dans l'éducation populaire et on créa l'école laïque. Les instituts ecclésiastiques voulurent défendre leur situation ; ils ne virent dans la réforme poursuivie par le gouvernement qu'une concurrence et une *affaire de boutique* ; ils s'adressèrent aux classes riches et réactionnaires pour établir, avec leur aide, des *écoles d'opposition*. Aujourd'hui le clergé commence à comprendre qu'il a commis une grande faute et qu'il s'est trop laissé aller à des considérations d'intérêt immédiat et matériel ; c'est par son imprudence qu'il a créé une lutte de l'Église et de l'État. Quand il a vu que la République était bien assise, il a faussé compagnie aux monarchistes et a hautement proclamé son attachement à la Constitution actuelle.

Les prêtres ont vu que l'enseignement laïque avait si fort attaché les nouvelles générations à la formule républicaine qu'il était dangereux de ne pas reconnaître le fait accompli et ils ont pensé que, cet attachement dépendant seulement des formes de langage, il leur serait possible de regagner de l'influence sur le peuple en par-

---

1 Sur la grande importance de la langue, lire le chapitre *Nationalité* dans les *Paradoxes sociologiques* de M. Max Nordau. « Des millions d'êtres repensent ce qui a été pensé pour eux et ce qui leur est devenu seulement accessible par la langue » (page 143).

lant, eux aussi, la langue républicaine.

Pendant la période de laïcisation des écoles, les polémiques antireligieuses avaient été fort multiples ; mais elles n'avaient point, comme le crurent les théologiens, pour but de rendre la France païenne ; elles ont été un accident au milieu de nos luttes politiques et la laïcisation ne fut pas la conséquence d'une propagande anticatholique. Quand l'œuvre scolaire a été terminée, le calme a reparu et l'on s'est demandé, avec une certaine naïveté, comment le pays était devenu, tout d'un coup, si indifférent aux questions philosophiques el religieuses ; il ne l'était pas devenu, il l'avait toujours été ; il ne s'était passionné que pour la défense de la République par l'enseignement primaire. Il arriva même un moment où les polémiques anticléricales semblèrent inintelligibles et souverainement ridicules. Il a fallu l'affaire Dreyfus pour les faire renaître.

Ce ne sont pas des conflits idéologiques qui ont engendré les luttes politiques, mais ce sont celles-ci qui ont amené des polémistes à attaquer les idées des catholiques et à les présenter comme dangereuses pour la civilisation moderne. Examinons donc les aspects sous lesquels l'Église se présente dans le domaine politique ; il est clair que la *nature* de l'Église ne peut être formulée d'une manière abstraite ; il faut, pour la déterminer, préciser le genre de questions que l'on prétend aborder ; la nature est quelque chose d'essentiellement relatif.

Il est bien clair que l'Église n'est pas une association comme tant de sociétés créées pour un but moralisateur, philanthropique, éducateur, etc. La discussion qui a eu lieu à la Chambre française a beaucoup servi à dissiper des sophismes répandus : les défenseurs les plus éclairés des congrégations n'ont pas craint de reconnaître que les ordres religieux ne sont pas des associations comme les autres ; — et alors l'Église sera, encore bien moins, une association !

*

* *

Pour comprendre le rôle de l'Église dans le monde moderne, il faut toujours tenir compte de la très grande place occupée aujourd'hui par ce que Hegel appelait l'*État pensant,* c'est-à-dire par l'ensemble des hommes qui vivent en dehors de la production et s'occupent des intérêts généraux et idéaux (professeurs, légistes, etc.). Les prêtres forment un groupement de théologiens qui raisonnent sur des textes sacrés, qui font de la haute philosophie et formulent des dogmes à l'usage des fidèles. Par suite de la division du travail, la fonction de penser sur les matières religieuses a été concentrée dans une petite classe de gens compétents, que tout le monde laisse opérer à sa guise, sans se préoccuper de leurs procédés de recherche. Lorsque furent définis les dogmes de l'Immaculée-Conception et de l'Infaillibilité papale, quelques personnes se demandèrent si ces nouveautés n'allaient pas amener des scissions dans l'Église : les faits ont montré que peu de gens s'occupèrent de se former une opinion sur ces dogmes, qui furent acceptés sans difficultés.

Le catholicisme donna ainsi la preuve qu'en devenant beaucoup plus ardent, il était devenu beaucoup plus étranger à la philosophie qu'autrefois ; la philosophie ne comporte pas de division de la société en classe pensante et en classes dégagées de la faculté de raisonner ; la philosophie est toute liberté.

L'art, la religion, la philosophie sont considérés par Hegel et par Marx comme étant des produits de l'esprit, à peu près complètement étrangers aux déterminations de la société civile : toute notre civilisation repose sur la liberté de l'esprit, qui peut se manifester comme il lui convient, au gré des tendances de ses facultés créatrices ; rendre l'esprit indépendant de la police, voilà une des œuvres les plus importantes de la législation dans les démocraties modernes. Rien ne nous semble plus bouffon que l'idée d'avoir un art officiel et cependant l'art a bien plus d'attaches avec l'économie que n'en a la philosophie.

Les théoriciens ecclésiastiques soutiennent que l'Église devrait jouir, dans un pays démocratique, de la plus grande liberté, parce qu'elle est essentiellement une école de théologie et que la théologie est une sorte de philosophie. Ils revendiquent, en conséquence, pour leur corps, le droit à l'activité libre.

L'Église est bien autre chose qu'une école de théologie ; elle est aussi un corps de prêtres distribuant des sacrements sous certaines conditions qu'il détermine. Les sacrements ont été parfois assimilés à des rites magiques ; mais ce n'est là qu'une assimilation incomplète ou même fausse ; l'expérience nous montre, en effet, que la puissance de l'Église est d'autant plus forte que la terreur magique a disparu davantage pour faire place à des sentiments mystiques. La foi chrétienne est très faible dans les classes ignorantes des sociétés et surtout dans les campagnes, parce que le paysan ne voit guère dans les rites que des incantations de sorciers qu'il paie.

Aujourd'hui le paysan abandonne le chemin de l'église, non point qu'il ait été converti à des idées nouvelles par des libres-penseurs urbains, mais parce qu'il n'a plus peur de son curé autant qu'autrefois. M. Gebhardt dit à propos de l'Italie moderne : [1] « Depuis qu'un régime libéral a dispensé les Italiens d'un *faux semblant de religiosité politique,* le trait caractéristique du catholicisme, c'est l'indifférence. Elle n'empêche point une pratique languissante, distraite, pour ainsi dire morcelée ou *fortuite* du culte ou de la discipline sacramentelle... Cette piété n'est point l'effet d'une religion sérieuse ; elle n'a sur la vie morale de l'individu aucune répercussion bienfaisante. » On pourrait en dire tout autant dune grande partie de la Fiance : la libération politique fait perdre à l'Église son influence magique.

L'Église ne doit pas être comparée aux anciennes corporations de magiciens, qui se proposaient de produire des miracles dont elles exploitaient la popularité. Les miracles jouent encore un rôle, mais il ne faut pas leur accorder grande importance et s'en servir pour interpréter l'action de l'Église. Son but essentiel est de faire la *police du sentiment religieux :* rien de pareil n'avait existé dans le passé et par suite on ne saurait comparer l'Église à aucune des associations historiques. II me semble aujourd'hui acquis à la science que le catholicisme est un phénomène qui n'a pas d'analogues dans le cours des siècles ; dès lors il est impossible de le traiter suivant un droit commun, puisqu'il est unique.

L'Église se présente sous un double aspect : école de théologie et corps de police religieuse : l'unité se fait parle moyen de l'autorité pontificale, qui est à la fois surnaturelle et civile, qui promulgue les dogmes et qui règle la pratique de la vie. qui règne sur la foi et sur les mœurs.

Les fidèles lui obéissent parce que chez eux existe la ferme conviction qu'elle est une autorité unique, ayant le monopole des grâces divines en même temps qu'elle est la source de toute vérité. Que l'Église supprime son exclusivisme et son intolérance, elle va se

1 *Débats,* 17 février 1897.

dissoudre en sectes innombrables : parmi les causes qui ont assuré son triomphe au quatrième siècle, les historiens mettent au premier rang son exclusivisme, qui donnait au christianisme une supériorité sur tous les cultes avec lesquels on pouvait le comparer. [1]

Plus l'Église a pu s'émanciper des apports que lui avait laissés la société du Moyen-Age, plus elle s'est dégagée des intérêts politiques de ses dignitaires, pour acquérir la claire conscience de ses principes, plus aussi elle a compris que *son essence était l'obéissance au pontife romain*. Il n'y a aucune raison pour que cette constitution, si sévèrement monarchique, [2] se modifie dans l'avenir, comme l'ont rêvé quelques personnes il y a un demi-siècle ; le parlementarisme ne viendra pas s'implanter dans l'Église par voie d'imitation ; il n'aurait ici aucune raison d'être, puisqu'il est fondé sur une conception de la recherche du mieux par une voie tout opposée aux voies catholiques.

Il semble bien que l'Église soit destinée maintenant à suivre ses destinées assez librement pour que des forces extérieures ne viennent plus agir sur sa constitution propre ; elle est et restera pontificale ; mais il y a une si grande opposition entre ce régime et le régime des États modernes que beaucoup de personnes se demandent si une pareille coexistence pourra durer. Il y a quelques années, le professeur Labriola a émis sur l'avenir du catholicisme une opinion originale : « Ce que je vois très clairement, dit-il, [3] c'est ceci : que le christianisme, qui est en substance la religion des peuples les plus civilisés, ne laissera après lui aucune religion nouvelle. Ceux qui, désormais, ne seront pas chrétiens, seront irréligieux... Les matérialistes de l'histoire pensent, quant à eux, et en dehors de toute appréciation subjective, que les hommes de l'avenir renonceront très probablement à toute explication transcendante des problèmes pratiques de la vie de tous les jours, parce que *Primus in orbe deos fecit timor !* La formule est ancienne, mais sa

---

1 Cf. Gasquet. *Essai sur le culte et les mystères de Mithra,* pages 104-105. — Il est à noter que durant les derniers siècles du paganisme il se produisit une sorte de *concentration des magies,* mais sans que les païens pussent parvenir à l'unité.

2 Le professeur Labriola s'étonne que la différenciation hiérarchique ait pu se produire en deux siècles (*Socialisme et philosophie,* page 177). Le problème est, au contraire, de trouver les raisons qui ont relativement dissous la force pontificale dans les temps modernes jusqu'à la renaissance ultramontaine actuelle.

3 Labriola. *Op. cit.,* page 181 »

valeur est éternelle. »

Il est très regrettable que le professeur italien n'ait donné aucun argument à l'appui de ces affirmations et, notamment, n'ait pas cru devoir expliquer en quoi sa croyance à la disparition des religions dépend du matérialisme historique ; la raison qu'il donne s'appliquerait uniquement aux plus anciens rites magiques et encore M. Ribot [1] ne la trouve-t-il pas suffisante même pour les religions primitives. L'évolution affective, remarque encore le même auteur, [2] attribue une importance tous les jours plus grande aux sentiments d'admiration, de confiance, d'amour, d'extase ; et ainsi les causes tirées de la peur deviennent moins importantes dans la genèse religieuse.

J'estime, pour ma part, que le christianisme ne périra pas ; *la faculté mystique* est chose très réelle dans l'homme, et l'expérience nous montre qu'elle ne diminue pas d'intensité au travers des âges ; elle reste aussi puissante aujourd'hui qu'elle a toujours été ; elle n'est pas affaiblie par le développement scientifique. Je crois, avec Taine, [3] qu'au premier siècle de notre ère, cette faculté mystique, dirigée par des causes intellectuelles complexes, a fait une création tout à fait originale ; elle a *découvert* ce que le christianisme a nommé le *royaume de Dieu* ; par là un élément nouveau — bon ou mauvais suivant les appréciations subjectives de chacun — a été introduit dans la civilisation occidentale et s'est incorporé avec elle. *L'esprit humain crée et ajoute toujours à son domaine ; je ne pense pas qu'on puisse prouver qu'il perde jamais ce qu'il a une fois acquis.* [4] Pourquoi donc le christianisme ferait-il exception à la règle ? S'il avait succédé, par évolution, à une autre religion, il serait possible de penser qu'il pourrait, à son tour, céder la place à une nouvelle ; mais cela n'est pas vrai ; il a été une *découverte,* une vraie création ; Labriola a raison de dire qu'il ne sera pas remplacé ; mais pourquoi périrait-il ? Je ne puis parvenir à le comprendre.

Il y aurait ici à se demander si les destinées du christianisme sont identifiables avec celles du catholicisme ; mais il est certain qu'à l'heure actuelle il y a une certaine concentration des croyants au-

---

1 Ribot. *Psychologie des sentiments,* page 302.
2 Ribot. Op. *cit.,* page 307.
3 Taine. *Op. cit.,* page 116.
4 Cf. Labriola. *Essais sur la conception matérialiste de l'histoire,* page 279.

tour du pontificat et que les communautés protestantes semblent plutôt perdre que gagner. Quoi qu'il en soit, peu de gens croient, aujourd'hui, à la disparition prochaine de l'Église il faut donc s'arranger pour vivre avec elle [1].

En France, les gouvernements suivent, depuis Napoléon, une même politique et ne veulent reconnaître dans l'Église que le pontife romain. Napoléon était un homme très peu religieux : il se préoccupait donc fort peu du dogme ; il vit qu'il avait en face de lui une autorité souveraine avec laquelle on pouvait traiter et par l'intermédiaire de laquelle on pouvait imposer une constitution ecclésiastique aux Français ; il mit à profit le pouvoir arbitraire du pape. Son idée était qu'il fallait [2] « dominer les choses spirituelles sans les toucher, sans s'en mêler, les faire cadrer à ses vues, à sa politique, mais par l'influence des choses temporelles ».

On s'étonne parfois que la cour de Rome se montre si docile et qu'elle accepte, sans trop se plaindre, des mesures contre lesquelles elle élèverait les plus violentes protestations, si elles étaient prises en Allemagne ou en Italie ; au lieu d'engager les catholiques français à s'agiter pour revendiquer ce qu'elle nomme d'ordinaire les droits imprescriptibles de l'Église, elle les calme ou même leur prescrit la soumission. Ce calcul est tout à fait naturel de sa part : les mesures anticléricales prises, de temps à autre, par le gouvernement français ne diminuent pas l'influence du pontificat sur les classes riches de France ; celles-ci sont même d'autant plus disposées à fournir de l'argent pour les œuvres catholiques que le clergé semble davantage persécuté ; le recrutement des ordres religieux n'a pas été jusqu'ici gêné par la politique adoptée par les ministères les plus nettement adversaires de l'Église. Le pontificat n'est pas lésé dans ses intérêts propres, et il obtient, en compensation de ses complaisances, une protection tous les jours plus étendue et plus efficace pour ses missionnaires. La France est devenue, de nos jours, le bras séculier dont l'Église se sert pour se défendre dans le monde entier ; il n'est même pas bien sûr qu'à certains moments — et même quand notre gouvernement passait pour radical — on

---

1 On peut appliquer à l'hypothèse de la disparition de l'Église ce que M. Nordau dit de la disparition des différences de langues *(Paradoxes sociologiques,* page 156). L'hypothèse comporte un laps de temps si grand pour se réaliser qu'il est inutile de s'en préoccuper.
2 Taine. *Op. cit.,* page 10.

n'ait pas fait entendre au Pape des paroles d'encouragement, [1] capables de lui faire croire que la Fille aînée de l'Église défendrait le Vatican en cas de conflit avec l'Italie.

Depuis le Concordat, la cour de Rome a toujours considéré les intérêts particuliers des catholiques français comme pouvant être négligés et devant être subordonnés aux siens ; le gouvernement français pourra faire tout ce qu'il voudra aux moines en France, pourvu qu'il protège l'Église à l'étranger, qu'il mette à sa disposition nos ambassadeurs et nos armées. La guerre de Chine pourrait bien avoir été la rançon de la dernière loi sur les congrégations.

*
* *

La politique du gouvernement français, qui combat de temps à autre les écoles catholiques de France et les soutient à l'étranger, choque beaucoup d'esprits passionnés pour la logique : il leur semble singulier que l'on puisse, par exemple, subventionner des collèges tenus par des congrégations que l'on juge dangereuses chez nous, — que « l'Université de Beyrouth [qui appartient aux Jésuites, puisse être regardée comme] la citadelle de l'influence française dans le Levant ». [2]

Il est évident que cela serait incompréhensible si l'État était une *personne* se trouvant en présence d'une autre *personne* qui serait l'Église ; mais la difficulté disparaît (au moins en grande partie) lorsqu'on examine de quels éléments multiples se compose l'État.

Les anciens philosophes, se plaçant à un point de vue très abstrait, réduisaient l'État à quelque chose d'infiniment simple ; *il aurait dû être,* d'après leurs définitions, l'expression de la volonté générale qui fait des lois conformes à la raison et ils croyaient qu'il était réellement semblable à cette image ; ils en faisaient un être possédant des qualités empruntées à la psychologie individuelle ; il y a encore même des philosophes parlant de conscience sociale, de pensée sociale, etc.

---

1 C'est du moins une opinion généralement répandue en Italie. Il y eut, il y a quelques années, une assez vive polémique parce que le gouvernement de M. Crispi prétendait que certains articles de journaux : très hostiles à sa politique venaient de l'ambassade française.
2 D'après une pétition adressée aux Chambres, pendant la discussion de la loi sur les congrégations, par neuf membres de l'Institut et divers professeurs.

Ce qu'il y a de vrai dans cette fantasmagorie philosophique c'est que certaines ressemblances existent entre les hommes d'une même nation à un degré tel que les lois puissent être regardées, dans une assez large mesure, comme étant la manifestation d'une communauté de pensée juridique ; mais il ne faut pas aller trop loin dans »cette voie. Cette communauté a pour base des similitudes instinctives, très mal déterminées dans la conscience de chacun : — dans le Parlement se forment des groupes qui participent aux instincts des masses, mais dont les tendances sont beaucoup plus intellectualisées que celles des hommes qu'ils sont censés représenter [1] — ce ne sont pas encore ces groupes qui font les lois, mais un très petit nombre de personnages qui ont le flair politique, c'est-à-dire qui sont capables de rédiger des formules que la majorité agréera sans les toujours bien comprendre. C'est le résultat de tout ce long et compliqué travail que les philosophes réduisent à une manifestation simple d'une force simple et qu'ils appellent le produit de la pensée sociale. Il serait beaucoup plus exact de dire que les idées nationales se déterminent en raison des lois qui sont imposées à la nation ; les lois sont comme des noyaux autour desquels se cristallisent les instincts populaires, qui sans leur appui resteraient fluents et indéterminés. Les lois dépendent du peuple, mais d'une manière très indirecte, tandis quelles sont une cause directe de génération pour les idées populaires.

Les constitutions libérales n'ont pas tant pour but de permettre l'accomplissement des volontés populaires que de créer des obstacles aux volontés des partis, de manière à assurer une certaine continuité dans la législation. Le régime parlementaire est pratiquement parvenu, beaucoup mieux que n'auraient pu le faire toutes les constitutions les plus savantes, à produire cette limitation de l'arbitraire ; mais pour qu'il fonctionne convenablement, il faut que les mœurs se prêtent à cette tendance vers la modération et qu'elles ajoutent beaucoup à l'efficacité des règles. Chaque parti doit agir en pensant que les lois qu'il pourrait faire contre ses adversaires retomberont sur lui quand il sera dans l'opposition ; ce sentiment de *prévoyance politique* est très rare dans les pays où

---

1 Sur la grande différence qui existe entre l'opinion d'un Parlement et la moyenne des opinions des citoyens, consulter : Kautsky, *Parlementarisme et Socialisme,* page 155 et page 173. — À l'heure actuelle, les Parlements donnent des résultats plus favorables aux idées libérales que ne donnerait le gouvernement direct par le peuple.

n'existe pas la *prévoyance capitaliste* ; il est la condition primordiale de toute liberté.

Malgré sa grande complexité, le régime parlementaire ne parviendrait pas encore à satisfaire les exigences de l'esprit moderne, s'il n'était complété par d'autres institutions capables d'exercer sur lui une action modératrice. L'application de la loi est, à cet effet, confiée à des corps auxquels on laisse une très grande liberté d'interprétation : rien ne serait plus absurde — dans un État qui aspire à créer l'ordre juridique — que de vouloir forcer les juges à suivre servilement les ordres du parti au pouvoir et à se conformer ainsi — comme on dit quelquefois — aux intentions du législateur. Pendant la Révolution on annexait aux lois des instructions rédigées par la commission qui en avait arrêté le texte ; mais cette pratique a été abandonnée ; elle ne pouvait se justifier que par l'ignorance où étaient nos pères au sujet des vraies conditions de la séparation des fonctions dans l'État et aussi par l'absence momentanée de corps judiciaires réguliers.

La jurisprudence a pour effet de passer un niveau sur les écarts législatifs et de ramener tout un ensemble de contingences à un système de droit, si bien que les compromis, les malentendus et les tâtonnements des parlementaires disparaissent sous la doctrine. C'est le résultat de ce travail que les philosophes considèrent, bien artificiellement, comme le développement de l'Idée de l'État ; loin qu'il y ait un développement dépendant d'une unité de direction, l'apparence de logique est le résultat de l'action de gens étrangers au gouvernement.

Lorsque l'on considère, au contraire, l'action extérieure de l'État, l'unité apparaît bien réellement ; ce ne sont plus les mômes organismes qui sont en jeu ; la politique de l'extérieur peut différer de celle de l'intérieur, parce qu'elles ne se produisent pas de la même manière.

Les institutions de guerre, fondées sur les traditions de l'armée et de la diplomatie, déterminent, d'une manière durable, la politique d'un pays. Dans le travail compliqué de la genèse du droit, l'esprit cherche à satisfaire ses besoins logiques, en passant — par beaucoup de médiations — des instincts populaires à la doctrine des juristes ; il y a un processus complet d'intellectualisation. Ici, au contraire, nous sommes en présence de tendances très élémen-

taires, assez voisines de celles des primitifs et dominées par des su-
perstitions. Tandis que la classe des juristes représente ce qu'il y a
de plus *intellectuel* dans l'*État pensant,* la classe militaire représente
ce qu'il y a de plus *instinctif.* [1]

On sait que les opinions dans lesquelles domine l'instinct, sur lesquelles la logique agit faiblement, sont celles qui présentent le plus
de stabilité ; aussi ne faut-il pas s'étonner de voir les préjugés nationaux durer parfois des siècles. De Charles VIII à Napoléon III,
les souverains français ont cru qu'ils devaient dominer en Italie ;
le souvenir du *pacte de famille* semble avoir été le principal motif
qui a conduit Napoléon Ier à vouloir placer des rois de sa maison
sur les trônes de Naples et de Madrid. Jusqu'en 1870, il n'aurait pas
été prudent pour un écrivain français de contester le droit de la
France aux frontières du Rhin et le *dogme polonais* ; et maintenant,
nous avons le *dogme russe.* On peut faire les mêmes observations
à propos de la politique anglaise ; Gladstone, qui avait passé sa vie
à déclamer sur la liberté des peuples, a fait occuper l'Égypte ; son
opposition aux idées de conquête s'est traduite seulement par des
maladresses insignes et par le désastre de Khartoum.

Au fur et à mesure que le régime parlementaire se développe dans
un pays, que les problèmes d'administration intérieure deviennent
plus complexes et exigent la constitution de corps plus massifs, il
se produit une séparation de plus en plus marquée entre la politique intérieure et l'extérieure ; celle-ci devenant le domaine d'une
classe qui ne participe presque pas aux mouvements des partis parlementaires. Cette séparation est extrêmement nette en France ;
mais elle existe partout, d'une manière plus ou moins complète ;
dans presque toutes les monarchies constitutionnelles, le roi se
considère comme ayant le droit d'exercer une action personnelle
sur les affaires de la guerre et de la diplomatie.

Si l'Église recherche, chez nous, avec tant d'obstination, à s'attacher la classe militaire, ce n'est pas seulement — comme on le lui a
reproché souvent — parce qu'elle cherche à trouver un appui dans
l'armée contre le peuple, mais c'est bien plutôt parce qu'elle tient à

---

1 Entre les deux camps se trouvent les administrations publiques, qui fonctionnent
beaucoup par routine, mais qui cherchent à se donner le plus d'ampleur et d'indépendance possible. Leur rôle est devenu considérable ; elles sont généralement en
opposition avec la classe des juristes.

entretenir un courant de politique extérieure conforme aux intérêts catholiques. Ses efforts portent sur la marine plus encore que sur l'armée de terre, parce que la marine met continuellement la force du pays en contact avec des adversaires du catholicisme.

Depuis trente ans, cette alliance de l'Église et de la classe militaire a pu développer ses résultats en toute liberté et produire une fièvre nationaliste ; cette propagande n'était gênée par personne et elle profitait de la préparation patriotique faite par les écoles primaires.

*
* *

Les prêtres forment dans la société une classe bien déterminée, qui présente peut-être un développement plus parfait qu'aucune autre classe ; nulle part on ne trouve une pareille unité de vues. Longtemps, en France, l'Église a vécu à l'ombre des partis conservateurs ; maintenant elle cherche à s'émanciper de cette tutelle et il est souvent question de la formation d'un parti purement catholique »

Quand il existe un parti catholique, ce n'est pas un parti comme les autres ; alors que les éléments des partis sont généralement très mobiles, ici ils sont soudés en un bloc ; le parti catholique ne participe que très imparfaitement au travail parlementaire, travail entièrement fait de compromis.

Dans nos sociétés modernes, tout le monde est persuadé que le présent n'a qu'une valeur très secondaire et assez provisoire, que nous devons progresser par échelons, tâtonner continuellement sans avoir de but bien déterminé, dirigés par un désir — ardent, mais vague — vers ce qui semble être mieux. Le caractère vraiment neuf de la législation moderne résulte de ce que le législateur se croit tenu de donner satisfaction à cette aspiration ; on pourrait dire, en imitant les formules révolutionnaires, que le premier de tous nos droits est le *droit au progrès par la liberté*. La politique se modèle sur l'économie et cherche à réaliser ce progrès par des procédés qui rappellent, à bien des égards, la poursuite du progrès dans la production capitaliste.

L'Église considère les choses tout autrement ; à ses yeux, *il n'y a pas de droit contre le droit ;* toute sa politique se résume dans cette formule célèbre ; rien de ce qui est fait contre elle ne peut avoir de valeur définitive ; dans aucune mesure législative elle ne considère l'amélioration relative qui peut en résulter ; elle la juge d'après *sa conformité au but final* ; elle se demande si cette mesure constitue un acheminement vers l'état de raison qu'elle prétend réaliser dans l'avenir. Il y a une grande analogie entre son attitude et celle de certains social-démocrates allemands, le mouvement et le but final remplaçant l'hypothèse et la thèse des catholiques. [1]

En sa qualité de corporation, soumise au pontife infaillible et chargée de surveiller la foi et les mœurs de chacun, l'Église ne saurait être un parti pouvant tâtonner ; elle sait la vérité ; elle ne peut admettre le provisoire chez elle et répugne à des compromis, bons pour les gens qui ne savent que d'une manière imparfaite. Dans le régime parlementaire, faire un compromis c'est accepter, loyalement et sans arrière-pensée de revanche, une évolution jugée nécessaire et s'entendre avec ses adversaires pour formuler une règle qui servira de point de départ pour une nouvelle vie progressive. L'Église ne saurait faire de compromis sans *douter de son droit* et nier son infaillibilité. Elle procède seulement a des *marchandages diplomatiques* ; entre des États indépendants, il n'y a pas de système juridique ; il y a des accords temporaires qui ne comportent jamais que la simple reconnaissance d'une situation de fait ; le vainqueur trouve tout naturel que le vaincu se prépare à une guerre de revanche ; l'Église procède de la môme manière ; elle se soumet aux nécessités du jour, avec l'espérance de tirer parti de toutes les circonstances favorables pour revenir à une position meilleure.

L'Église aimerait assez à trouver partout des gouvernements absolus avec lesquels il fût possible de traiter suivant les règles de la diplomatie classique ; les formules de la diplomatie flattent toujours l'amour-propre de ceux qui s'en servent ; les prélats romains ont un amour-propre enfantin. Dans notre siècle, des catholiques zélés ont compris que les vieilles méthodes avaient fait leur temps et que le centre du pouvoir est aujourd'hui dans les Parlements ; ils se sont donc faits les diplomates officieux de l'Église, traitant avec les partis ou avec les gouvernements. En France, les deux diplo-

---

1 On pourrait poursuivre le rapprochement très loin ; de même que les orateurs, les hymnologues et les liturgistes catholiques s'efforcent d'introduire dans leurs écrits le plus de mots et de morceaux de phrase extraits des Ecritures, (le même certains marxistes se font un vocabulaire très restreint tire des œuvres de Marx ; leurs écrits sont de vraies mosaïques.

maties fonctionnent concurremment et les députés catholiques se sont plaints, plus d'une fois, d'être contrecarrés par la nonciature. [1]

Il serait à désirer qu'il y eût dans les Chambres françaises un parti catholique parfaitement défini, parce qu'alors les questions se poseraient avec une clarté qu'elles n'ont pas aujourd'hui. Le pontificat aurait beaucoup plus de peine à faire accepter une politique extérieure aussi favorable à l'Église qu'est la politique suivie par nos gouvernants depuis des années. Il pourrait même arriver que le parti clérical parlementaire refusât de vendre les intérêts des prêtres français en échange d'avantages consentis en faveur de missionnaires opérant dans des pays lointains. Il serait évidemment plus difficile de faire de l'anticléricalisme en France et du cléricalisme en Orient, lorsque dans le Parlement il y aurait un fort parti clérical luttant contre les partis républicains. La politique catholique actuelle réussit grâce *k* l'emploi de mille petits moyens et parce qu'elle se dissimule presque toujours, n'apparaissant à découvert qu'en temps de crise.

... Taine croyait [2] que la haine du paysan pour le gouvernement des curés provenait, en bonne partie, de son aversion pour les gros bourgeois et les nobles, qui sont les alliés actuels du clergé ; je crois qu'il se trompe et qu'il faudrait plutôt dire au contraire que les conservateurs en France se sont perdus, pour toujours, en acceptant la protection du clergé. Gambetta savait bien ce qu'il faisait en dénonçant Mac-Mahon comme l'homme des curés.

Inversement il me semble que le pontificat s'efforcera en France de gagner des partisans parmi les divers groupes républicains, plutôt que de se faire représenter par un parti qui ne pourrait que créer des conflits.

En Italie le pontificat se trouve dans une situation encore plus délicate qu'en France, parce qu'il est difficile aux cléricaux de ne pas froisser les sentiments patriotiques d'un pays récemment unifié. À l'origine il a conseillé aux catholiques l'abstention dans les élections politiques ; il avait l'espoir de gêner le gouvernement ; aujourd'hui il maintient cette tactique, par nécessité, bien qu'elle ne gêne pas du tout la marche des affaires de l'État. Les catholiques prennent

---

1 Bismarck a essayé, plusieurs fois, sans grand succès, d'opposer la cour de Rome et le Centre catholique ; ce parti était trop fort pour être facilement entamé.
2 Taine. *Op. cit.,* page loi.

part aux élections administratives, ont des représentants dans les assemblées communales et provinciales ; mais un parti catholique à la Chambre pourrait compromettre gravement la papauté. Il semble, d'ailleurs, que dans une grande partie de l'Italie les catholiques respectent fort peu les recommandations pontificales et qu'ils votent ; mais ils s'arrangent avec les candidats au mieux de leurs intérêts locaux et ils évitent d'avoir des députés à eux. [1] En Allemagne il y a un parti catholique presque pur ; mais cela tient à ce que l'État moderne n'a pas encore pris possession de l'Allemagne. Les mœurs du pays ne sont pas favorables à la marche d'un vrai gouvernement parlementaire. Les groupes rappellent, dans leur allure générale, les villes du Moyen-Age, qui discutaient avec les rois leurs intérêts locaux, sans se soucier grandement des questions générales ; ils sont *en dehors* du gouvernement et ils s'efforcent d'obtenir le plus qu'ils peuvent ; il y a des marchandages plus ou moins cyniques, mais pas de vrais compromis comme dans un régime parlementaire réel. Chaque fois qu'il s'agit de voter une loi militaire, le gouvernement négocie avec les partis ; généralement le vote de la loi dépend des catholiques, et ceux-ci exigent qu'on rapporte quelques-unes des mesures prises jadis contre l'Église.

Un pareil trafic de votes serait impossible chez nous ; en France le sentiment patriotique est beaucoup plus développé que chez nos voisins et les crédits militaires ne soulèvent jamais que des critiques de détail.

Le Parlement allemand étant une sorte de congrès ou des plénipotentiaires viennent discuter entre eux, pour obtenir le plus possible en faveur de leurs mandants, la conduite des cléricaux ne soulève pas une trop grande réprobation. Il n'en sera plus de môme quand les partis auront acquis l'idée que tous doivent participer à une œuvre commune ; cette idée n'est pas facile à faire entrer dans les esprits ; les socialistes et les progressistes ne se montrent pas moins inaptes au régime moderne que leurs adversaires ; ils combattent pour l'amour des principes, sans se soucier beaucoup des conséquences de leurs votes. [2] Le jour où le parti socialiste arriverait à devenir un parti *vraiment politique,* poursuivant la participation

1 *Critica sociale,* premier avril 1897, page 103, colonne 2 ; — 16 juin et premier juillet 1900.

2 Il serait impossible, par exemple, de comprendre en France que les députés socialistes votassent pour le rappel des Jésuites.

au pouvoir parlementaire, la vie de l'Allemagne serait transformée de fond en comble.

Une grande difficulté pratique pour la formation d'un parti clérical en France résultera désormais de la nouvelle législation sur les congrégations ; le contrôle que l'État est en train d'organiser sur leur fortune et leur gestion ne pourra manquer de se développer ; il aura pour effet d'empêcher qu'une partie notable des ressources accumulées par la piété des fidèles ne soit détournée de leur destination pieuse pour être affectée à la propagande politique. Il semble que la papauté ait tacitement accepté ce contrôle et compris qu'il y avait pour elle un certain danger a laisser se développer un état d'esprit trop militant dans le clergé français.

Toute l'histoire des rapports de l'Église et de l'État en France est dominée par les souvenirs de la Révolution ; jamais l'Église n'a fait son deuil de sa prépondérance ; elle ne réclame point ses anciens domaines et ses dîmes ; *elle veut de la domination* et elle fera tout ce qu'elle pourra pour en acquérir. Napoléon n'avait pas restauré le culte que déjà il se plaignait d'un nouvel esprit qui animait l'Église et qu'il n'avait pas prévu. [1] « On élève les nouveaux prêtres dans une doctrine sombre, fanatique ; il n'y a rien de gallican dans le nouveau clergé. » Le clergé se discipline ; l'esprit de solidarité augmente en lui ; les anciens intérêts mondains s'effacent devant les grands intérêts de l'Église.

Ce que l'Église offre de plus tentant à ses clercs, c'est la domination ; c'est ce que Taine n'a peut-être pas assez mis en évidence. On s'étonne parfois de voir des prêtres anglicans venir au catholicisme, en abandonnant de belles situations ; mais existe-t-il un corps religieux où les plus hauts dignitaires, eux-mêmes, aient si peu de pouvoir réel que chez les anglicans ? Un simple curé de village a, dans sa petite sphère, avec ses confréries et ses œuvres, un pouvoir plein de charmes pour ceux qui aiment le commandement. L'expérience de la politique et de l'Église montre qu'il y a peu de passions qui soient plus fortes que celle qui nous fait désirer le pouvoir sur nos semblables. [2]

En 1815 le clergé crut le moment venu de reprendre l'offensive ;

---

1 Taine. *Op. cit.,* page 63.
2 Le cardinal Manning avait pris, dans sa jeunesse, pour devise ; *Aut Caesar, aut nihil.* L'anglicanisme ne pouvait, évidemment, satisfaire un tel affamé de pouvoir.

mais, à cette époque, les souvenirs de la Révolution étaient si vivaces, l'armée était si opposée aux curés et les propriétaires de biens nationaux si effrayés, que l'audace de l'Église devait soulever le pays contre le gouvernement qui la protégeait. Sous le règne de Louis-Philippe, les cléricaux adoptent une nouvelle tactique ; ils ne parlent plus que de défendre les droits du peuple foulés aux pieds par la bourgeoisie orléaniste ; en 1848, ils se signalent parmi les plus ardents républicains et prononcent des sermons au pied des arbres de la liberté ; mais l'expédition de Rome vient bientôt les brouiller avec les démocrates ; cette affaire fut, de leur part, la plus grande imprudence qu'ils aient commise en un demi-siècle. Quand arrive le coup d'État, la « bohème » bonapartiste [1] n'a pas d'alliés plus dévoués que les hommes qui, trois ans auparavant, se montraient les ennemis de tout despotisme. Jusqu'en 1869, l'Église triomphe ; elle exerce un contrôle sévère sur les écoles de tout ordre [2] et sur la pensée philosophique ; en i858, elle obtient contre Proudhon des poursuites pour des motifs les plus absurdes. [3]

La guerre d'Italie amena un grand changement dans les relations de l'Empire avec l'Église ; mais le gouvernement n'adopta pas une attitude nette durant les dix années qui précédèrent sa chute ; cette période fut presque totalement dominée par la *question romaine ;* il s'agissait de savoir si la France, après avoir soutenu l'Église en Syrie et en Chine, la soutiendrait éternellement en Europe et ferait la guerre en faveur du pape. Le problème de la domination cléricale était posé brutalement ; tout le monde en comprenait nettement la portée ; l'Église ne cessa de perdre de son influence dans le pays, jusqu'au jour où commença la lutte sur l'enseignement laïque. L'Église fut encore vaincue.

Lorsque le calme fut rétabli dans les esprits, l'Église reprit son travail d'attaque et ses partisans eurent la bonne fortune de trouver sur leur chemin l'affaire du Panama, qui leur permit de jeter la

---

1 Marx. *La Lutte des classes,* page 361.

2 Elle essaye d'empêcher les Juifs d'entrer à l'École normale ; M. Michel Bréal eut quelque peine à être admis, en dépit de ses examens.

3 On reprochait notamment à Proudhon d'avoir écrit que l'Église ne distingua pas le mariage et le concubinat (Œuvres complètes, tome XX, page 128). M. P. Allard, dont le livre a été couronné par l'Académie française et honoré d'une lettre du pape, dit que « la distinction entre l'*uxor* et la *concubina* était purement civile ». *(Les Esclaves chrétiens,* troisième édition, page 286)

suspicion sur tout le parti gambettiste. *Ce fut la revanche de la laï-cisation* ; personne n'osait résister ; l'antisémitisme était né depuis quelques années ; mais son succès avait été médiocre avant la fondation de *la Libre Parole* [1] ; les cléricaux hésitaient, dans beaucoup de villes, à se mêler à ce mouvement qui leur paraissait dangereux à cause de ses allures démagogiques.

Les discussions soulevées par les socialistes au sujet des monopoles, des concessions scandaleuses et des profits capitalistes, ont toujours eu le défaut d'avoir une allure trop abstraite pour être parfaitement comprises des masses ; et on a la malheureuse habitude d'exposer les idées de Marx sous une forme si dure à entendre et si peu applicable que l'enseignement socialiste est donne en pure perte. [2] Les démagogues ont toujours procédé d'une manière opposée ; ils cherchent à dénoncer des hommes que l'on puisse charger de tous les vices d'un régime ; il n'y a pas de pauvre qui n'ait eu affaire à quelque mauvais créancier dans sa vie et qui ne soit, par suite, disposé à bien accueillir tout projet de loi qui frappera les prêteurs d'argent. Ce procédé a été encore perfectionné par les antisémites ; les banquiers juifs forment une minorité dans la minorité des riches ; il est facile de les représenter comme des étrangers qui viennent s'enrichir aux dépens de la nation. La socialisation des moyens de production, voilà qui ne dit pas grand chose à l'esprit ; mais la revendication de l'État contre les Rothschild et autres millionnaires, voilà qui est facile à comprendre ! Des hommes qui n'ont pas une grande habitude des calculs financiers peuvent facilement croire que de telles revendications, des révisions de comptes, pourraient permettre à l'État d'entreprendre de grandes choses sans qu'il en coûtât rien aux contribuables.

Je ne crois pas que l'antisémitisme soit un accident passager, une aberration due à l'influence perverse de quelques hommes ; je crois <u>qu'il durera tant</u> que le socialisme n'aura pas vaincu bien nette-

1 Dans un livre publié en 1896, M. Chirac revendique ses droits à l'*invention de l'antisémitisme :* « Les colères avaient entassé la première charge à fond contre la juiverie que fut en 1876 ma *Haute banque et les révolutions,* sur ma collaboration à l'*Antisémitique* en 1882 ; ce précurseur de *la Libre Parole,* où avec ce pauvre Abel Fauverge, mort depuis à Sainte-Anne écrasé sous la persécution, *j'avais mené le bon combat.* » (*Le Droit de vivre,* page e)

2 Dans une brochure publiée sur le Congrès de 1899, Pelloutier prétend même que le langage employé est inintelligible, *(Le Congrès général du parti socialiste français,* page 66.)

ment la démagogie, tant qu il ne se sera pas attaché à poursuivre des fins pratiques, des réformes capables d'intéresser les classes qui fournissent le principal contingent de F antisémitisme.

Les antisémites furent assez habiles pour prendre la direction des attaques contre les *panamistes :* les promoteurs du Panama avaient été des *gens du dernier bien,* des hommes pleins d'honorabilité, des purs Français de France — comme dirait M. Drumont — ; la grande banque juive s'était tenue à l'écart, à peu près complètement ; on lui avait même plusieurs fois reproché de ne pas avoir donné son appui à une œuvre si nationale ; mais quelques agents d'affaires israélites avaient été mêlés aux négociations véreuses ; Panama devint, grâce à M. Drumont, une affaire juive. Les légendes concentrent toujours les crimes et les hauts faits sur un petit nombre de personnage » représentatifs : Arton, Hertz, Reinach devinrent les héros du Panama dans la légende arrangée par M. Drumont.

Les conservateurs s'aperçurent alors que l'anti-sémitisme pouvait avoir du bon, car il permettait de rejeter sur un groupe infime de gens — à noms étrangers pour la plupart — toutes les colères. Ils avaient, presque tous, gardé rancune aux Juifs de la laïcisation, parce que dans toute la France les Juifs avaient été d'ardents partisans des lois scolaires. Cependant ils n'acceptèrent nettement l'appui des antisémites que le jour où ils virent le grand parti que M. Drumont avait su tirer du procès Dreyfus : il devint clair alors que les cléricaux et les conservateurs pourraient entraîner les esprits en faisant usage de l'argument patriotique.

Je crois que l'Église n'a pas commis de plus grande faute, depuis l'expédition de Rome, que d'avoir pris parti contre la révision du procès Dreyfus. L'agitation qui se produisit en France interrompit le travail souterrain de la diplomatie pontificale ; il y eut un emballement général parmi les cléricaux, qui suivirent les plus ardents d'entre eux et qui furent enivrés par leurs premiers succès ; il leur sembla que le jour était venu d'écraser le parti gambettiste déjà fort ébranlé depuis les scandales du Panama. À des vengeances personnelles, à des rancunes vieilles de dix ans, on sacrifia les avantages conquis péniblement depuis le ralliement du clergé à la République.

Cette campagne réveilla de leur torpeur beaucoup de républicains qui commençaient a penser que l'anticléricalisme était une vieillerie. Les hommes qui croyaient de toutes les forces de leur âme aux principes de la Révolution et qui estimaient que renseignement laïque avait transformé la France protestèrent avec énergie contre les fureurs anti-sémitiques ; il leur semblait impossible que la cause de la Vérité pût rencontrer beaucoup d'obstacles dans une république régénérée » Ils s'aperçurent avec effroi que les Idées ne sont pas bien puissantes quand elles sont seules ; et ils virent qu'il y avait des réformes à faire dans les institutions pour défendre le monde moderne contre l'Église.

L'affaire Dreyfus n'aurait pu aboutir que si on avait admis que l'armée fut soumise au libre contrôle des citoyens ; or, cela paraissait inadmissible aux militaires habitués à se considérer comme formant une classe isolée, faite pour la lutte contre le dehors et vivant en dehors du régime parlementaire ; — cela paraissait extraordinaire à beaucoup d'hommes politiques qui avaient longtemps prêché le respect de l'armée. Les radicaux hésitaient beaucoup à prendre la défense d'un officier riche, parce qu'ils avaient peur d'être accusés de corruption, eux qui avaient si souvent dénoncé la corruption des opportunistes. Il leur paraissait extrêmement dangereux de s'engager dans une affaire confuse, qui devait toujours rester mystérieuse et qui renfermait des aventures romanesques, alors que, dans les souvenirs populaires, la guerre de 1870 n'avait été qu'une suite de trahisons plus extraordinaires les unes que les autres. Ils étaient bien plus en contact avec les électeurs provinciaux que les gambettistes, devenus parisiens ; ils connaissaient toutes les préventions contre lesquelles il leur faudrait lutter pour soutenir la cause de la révision ; ils choisirent la ligne de moindre effort et beaucoup hurlèrent avec les loups.

L'affaire Dreyfus passionna toute l'Europe, parce qu'on est habitué à l'étranger à regarder la France comme un pays exceptionnel, dans lequel les conflits sociaux sont des luttes d'Idées ; tous les adversaires du cléricalisme espéraient que la victoire resterait aux représentants de la pensée moderne. [1] Mais si cette manière de comprendre les affaires de France est fausse, il est certain que

---

1 Il y eut à l'étranger des gens qui s'intéressèrent à l'affaire Dreyfus tout en étant fort réactionnaires ; ce fait est remarquable en Hollande ; il s'explique, sans doute, par des relations existant entre les pasteurs protestants de Hollande et de France.

toutes les luttes qui se produisent chez nous intéressent tous les esprits libéraux : il n'y a pas de pays, en effet, où les forces réactionnaires soient aussi puissantes que dans le nôtre ; quand elles sont vaincues, tous les partis de résistance sont découragés et tous les partis avancés sont animés d'une ardeur nouvelle. C'est ce qui explique pourquoi on a cru souvent que les révolutions éclatent en Europe *à l'imitation* des mouvements parisiens. [1] Depuis quelques années le cléricalisme poursuivait une campagne très active pour la domination partout, et le réveil de la conscience libérale, provoqué par l'affaire Dreyfus, semblait être de bon augure pour l'avenir.

Il faudrait fermer les yeux à l'évidence pour ne pas voir que la loi des congrégations a été conçue comme une revanche contre les antisémites et les catholiques. La lecture des journaux qui avaient soutenu la révision montre avec quelle passion les vaincus attendaient les représailles ; la facilité avec laquelle le Sénat vota une loi qui renferme tant de dispositions exceptionnelles surprit tout le inonde et serait inexplicable si on ne savait combien cette assemblée renfermait de dreyfusistes.

On aurait donc tort de voir ici un épisode d'une lutte engagée par l'esprit de la Révolution contre l'Église, en vue de persécuter les catholiques ; il y a eu seulement une mesure de revanche — assez modeste d'ailleurs — venant après la plus formidable campagne que les cléricaux aient menée depuis les réactions qui suivirent 1848.

L'Église ne se représente pas les choses de cette manière ; elle se croit attaquée par une *secte* qui, de temps à autre, parvient, soit par force, soit par ruse, à s'emparer des forces de l'État. Projetant à l'extérieur sa propre personnalité, elle se représente ses adversaires sur son propre modèle ; elle croit qu'elle a à lutter contre une Anti-Église, ayant ses dogmes, sa hiérarchie et peut-être aussi un pontificat ; depuis un siècle les auteurs catholiques ne peuvent arriver à s'expliquer l'histoire moderne qu'en faisant jouer un rôle vraiment extravagant aux loges maçonniques. Il ne faudrait pas croire que les théories sataniques sont fabriquées à l'usage exclusif

---

1 En 1847, Marx croyait que la révolution éclaterait d'abord en Allemagne (*Manifeste communiste*, page 73). Dans l'*Allemagne en 1848* (traduction Rémy, page 45), il dit que la révolution prussienne était certaine, et (page 63) que le caractère inattendu que prit le mouvement parisien changea tout le cours des événements en Allemagne.

des lecteurs de *la Croix* : elles ont exercé une influence énorme sur la pensée catholique après la Révolution et encore aujourd'hui nous lisons dans des livres destinés aux séminaires que l'ancien sabbat des sorciers se reproduit en substance dans certaines loges que Satan favorise de ses apparitions. [1]

Si l'Église se trompe sur les causes des conflits modernes, il ne faut pas croire qu'il n'y ait pas quelque part de vérité dans ses illusions ; car il n'y a pas d'illusions de ce genre qui ne renferment une certaine dose de réalité ; nous devons nous demander s'il ne se trouverait pas aujourd'hui un parti dans l'*État pensant* qui chercherait à disputer la domination a l'Église. Celle-ci depuis longtemps cherche à se créer une grande influence par renseignement et par la presse ; les anciens moyens d'action — prédication paroissiale, missions, ordres religieux — ne suffisent plus pour atteindre le but de domination que l'Église poursuit aujourd'hui ; elle a perdu les moyens légaux de suprématie, elle n'est plus un Ordre dans l'État ; mais elle peut exercer sur la marche des pouvoirs publics une influence considérable si elle parvient à attirer à elle un nombre suffisant d'hommes qui croient que leurs intérêts et leur honneur sont attachés au succès de l'Église. Son enseignement n'a plus pour objet seulement de faire des chrétiens fervents ; il s'agit de développer des conditions capables d'amener les élevés a combattre pour l'Église : les collèges ecclésiastiques ne sont donc plus du tout ce qu'ils étaient il y a un siècle : ce sont des succursales des comités politiques, et on pourrait dire que ce sont des organes de journalisme parlé. C'est la presse cléricale qui conduit le mouvement depuis plus de cinquante ans et les chefs officiels de l'Église sont obligés de compter avec elle.

La grande presse n'est pas, en général, hostile à l'Église : les journaux sont de puissantes entreprises qui sont conduites en vue de procurer des bénéfices à leurs actionnaires ; les directeurs cherchent quels sont les courants de la mode et ils dirigent leurs rédacteurs dans les voies qui leur semblent devoir être les plus profitables. L'Église n'a donc qu'un nombre infime d'adversaires dans le journalisme, sauf durant les crises lorsqu'elle a soulevé l'indigna-

---

1 Ribet. *La mystique divine distinguée de ses contrefaçons diaboliques et de ses analogies humaines,* tome III » page 390. — Lorsque Joseph de Maistre accusait la Révolution d'être satanique, il n'entendait pas employer une figure de rhétorique, il parlait au sens propre des mots.

tion d'un très grand nombre de personnes par son imprudence ; c'est alors seulement qu'il devient profitable de mener, sérieusement, la campagne contre le clergé. [1]

Il existe cependant une petite fraction anticléricale dans la presse ; cette fraction a des alliances anciennes et étroites avec le personnel enseignant, et elle réagit sur l'Université, de même que la presse cléricale réagit sur les collèges ecclésiastiques ;

Lorsqu'après la Révolution l'enseignement public fut réorganisé, on se proposa de former des jeunes gens cultivés ; rien dans les programmes ou dans les instructions ministérielles ne permettrait de penser qu'il dût y avoir hostilité entre l'Église et l'Université ; si l'on fait une enquête sur les opinions de la plupart des professeurs de l'État on trouve qu'ils seraient en majorité plutôt favorables qu'hostiles aux idées catholiques ; tout semble s'accorder pour assurer un enseignement vraiment neutre. L'Église n'accepte plus la neutralité ; la neutralité serait pour elle l'abdication ; ce qu'elle veut, comme je l'ai dit, c'est de former des militants qui lui soient dévoués. C'est pour atteindre cette fin qu'elle mène depuis trois quarts de siècle une si ardente campagne contre l'enseignement universitaire.

Contre l'Église s'est constitué, sous l'influence de la presse anticléricale, un parti politico-scolastique, qui prétend représenter l'Université, ou plutôt la défendre, — car personne n'oserait prétendre que ce parti ait la majorité parmi les professeurs. [2] Ce parti poursuit la domination des esprits et s'inspire trop souvent des idées étroites du dix-huitième siècle ; il peut donc être considéré, dans une certaine mesure, comme une Anti-Église ; quand on parle de la lutte de l'État et de l'Église, pour renseignement, on parle, en réalité, du conflit né entre ce parti et le parti clérical.

Beaucoup de nos professeurs se sont mis en tête que leur profes-

---

1 Jusqu'ici la presse cléricale n'est pas encore parvenue à adopter des mœurs lui permettant de faire très bonne figure dans le monde laïque ; elle est beaucoup trop soumise aux sacristains et elle ne recule pas assez devant des procédés de polémique grossiers ou odieux. Les collèges ecclésiastiques actuels se sont complètement décrassés, et ils attirent la clientèle riche parce que leur *éducation* est plus distinguée ; ils ont tué l'enseignement libre laïque ; une réforme se fera, un jour ou l'autre, dans la presse religieuse, qui pourrait bien tuer aussi le journalisme conservateur.
2 Beaucoup de professeurs ont adhéré à la *Patrie Française* et beaucoup plus encore auraient adhéré s'ils n'avaient craint de compromettre leur situation.

sion serait chose assez méprisable s'ils n'avaient charge d'Ames, s'ils n'étaient destinés à former les hommes de l'avenir, si leur pédagogie ne devait avoir pour effet de produire une société régénérée. Dans leur chaire ils se considèrent comme étant des journalistes en disponibilité et ils se croient des militants chargés de défendre l'esprit moderne.

Les résultats obtenus par l'action de ce parti politico-scolastique ne semblent pas être fort encourageants ; une polémique très vive s'est engagée, l'année dernière, pour savoir si l'Université forme des républicains et quelles sont les causes qui rendent stériles les efforts de tant d'apôtres. [1] Il y a un point qui me semble acquis : en un temps assez lointain, alors qu'on n'avait pas un si grand désir de transformer l'instruction en une sorte de génération spirituelle, au temps de la vieille Université impériale, les élèves pensaient tout aussi librement, peut-être plus librement qu'aujourd'hui ; l'enseignement de ce temps avait donc un bon résultat, puisqu'il conduisait à la liberté intellectuelle.

Les méthodes nouvelles semblent avoir produit, presque toujours, d'assez mauvais résultats ; on a voulu mettre beaucoup plus en évidence l'action du professeur sur les élèves et, quel que soit le mérite des maîtres actuels, il est difficile de croire qu'ils vaillent Cicéron et Sénèque, qui avaient été les directeurs de la pensée de nos pères aux temps de grande liberté intellectuelle. L'apostolat scolastique donne des résultats très mauvais pour la formation de l'esprit dans les écoles cléricales, qui sont empoisonnées de fainéantise, de snobisme et de docilité ; les mômes conséquences ne se révèlent pas encore à un aussi haut degré dans l'Université, parce que les professeurs ne sont pas tous attelés à l'*apostolat* et que la variété de leur enseignement profite à la libération de l'esprit.

Depuis un assez grand nombre d'années, toutes les révolutions semblent avoir automatiquement agi pour accroître l'émancipation de l'homme ; mais il n'est pas du tout évident qu'un pareil mouvement doive toujours se produire ; si vraiment l'Université ne forme pas des républicains ou n'en forme qu'une assez minime proportion, peut-être devons-nous redouter que les prochaines révolutions ne soient guère pénétrées d'esprit libéral. Le parti poli-

---

1 Voir dans la *Revue politique et parlementaire* les articles de MM. Darlu, Fouillée, Torau, Bayle (juillet, août, décembre 1900).

tico-scolastique, qui combat l'Église, a exactement le même esprit que celle ci ; il voudrait faire marcher le monde à son gré. Il a toutes les ambitions des anciens saint-simoniens qui prétendaient tout constituer sous la forme hiérarchique.

La bataille que se livrent le parti clérical et ce parti politico-scolastique n'a pas un très grand intérêt direct pour la démocratie ; quel que fût le vainqueur, le peuple trouverait des maîtres impitoyables.

Ce qui nous apparaît comme étant la plus haute mission de l'État, c'est de *défendre la liberté de penser,* aussi bien contre la caste des prêtres que contre la caste des professeurs-journalistes. L'État a des devoirs spirituels à remplir et celui-ci est évidemment le premier de tous dans une démocratie ; la liberté de penser ne se décrète pas, ne s'enseigne pas ; il faut que les institutions la produisent spontanément. Le mouvement démocratique moderne a une base économique, facile à reconnaître ; [1] il est fondé sur la concurrence très développée des métiers : tout notre droit est imbu de l'idée d'une concurrence illimitée ; presque toutes nos pensées en portent la marque. Or, de nos jours, cette concurrence est menacée : par la constitution de grandes entreprises transformant les moyens patrons en employés et par le développement du socialisme d'État. C'est donc une question très urgente à examiner que celle des moyens à employer pour défendre la liberté, — au moins dans les limites où elle peut être défendue.

Il n'y aurait certainement rien de plus efficace que de supprimer dans l'enseignement tout ce qui tend à augmenter la force du pouvoir central. Marx avait bien raison quand, en 1876, [2] il signalait l'opportunité de créer, avec l'aide *purement financière* du Trésor public, des écoles soustraites à la fois aux influences de l'État et de l'Église. Je crois que cette opinion est une des plus importantes que l'on trouve dans ses écrits ; nous voyons par là qu'il avait l'idée dune *organisation fédéraliste* de l'enseignement : une pareille organisation est très peu favorable à la dictature d'une classe pensante, Bernstein a montré [3] que dès 1871 Marx avait adopté des concep-

---

1 Les anciens avaient bien observé l'influence des bases économiques sur la constitution ; Aristote, par exemple, remarque que la discipline est difficile à imposer à une population qui se livre au commerce maritime. *(Politique,* livre IV, chapitre V, 3)
2 Marx. *À propos d'unité. Lettre sur le programme de Gotha,* traduction française, pages 39-41.
3 Bernstein. *Socialisme théorique et social-démocratie pratique,* traduction française,

tions politiques imbues de fédéralisme : [1] ces conceptions sont d'autant plus intéressantes qu'en 1848 il avait été, comme tous les révolutionnaires allemands et sous l'influence des souvenirs de 1793, très opposé aux idées fédéralistes. Si l'on veut lutter contre l'esprit de domination, il n'y a rien de plus urgent que de réformer l'enseignement suivant les vues contenues dans la lettre sur le programme de Gotha.

Les socialistes votent, en quelque sorte d'instinct, toutes les mesures anticléricales que propose le vieux parti radical, lorsque celui-ci se trouve, par hasard, porté au pouvoir. Mais dans ces derniers temps, depuis que l'on a tant disserté sur ce que permet et ce que défend la lutte de classe, quelques personnes se sont demandé si les socialistes étaient bien logiques en suivant d'instinct ce courant, qui ne semble pas déterminé par leurs principes.

Il faut avouer, très franchement, que la doctrine de Marx sur la lutte des classes est restée encore fort obscure ; il n'est pas toujours sûr que les formules par lesquelles il a exprimé son opinion relativement à l'action politique du prolétariat aient été parfaitement comprises. Pour ma part, j'avoue que je ne comprends pas les explications que les *officiels* allemands donnent de la doctrine du maître ; je crois que je ne suis pas le seul à ne pas comprendre.

Et d'abord est-il vrai que les partis soient simplement le décalque des classes économiques ? Marx s'exprime très souvent comme s'il en était ainsi ; mais on relèverait facilement dans ses écrits des contradictions, si on admettait qu'il ait vraiment identifié les partis et les classes. Kautsky lui-même reconnaît [2] qu'en Angleterre, au dix-huitième siècle, la différenciation économique existant entre whigs et tories allait toujours en décroissant et que finalement elle devint inutile à considérer pour distinguer les partis. Il semble que le progrès de l'économie capitaliste ait pour effet de produire un plus grand mélange des couches sociales et d'effacer les marques professionnelles : s'il y a une plus grande séparation entre la classe ouvrière et la bourgeoisie, dans celle-ci les partis dépendent beaucoup moins de la division du travail.

---

page 227.
1 Dans l'adresse de l'Internationale, traduite sous le titre : *La Commune de Paris,* pages 36-43.
2 Kautsky. *Parlementarisme et socialisme,* page 130.

Il ne faut pas oublier que dans les pays modernes, les partis s'efforcent, de plus en plus, de dissimuler les intérêts matériels sous des aspects idéologiques. Les disputes d'ordre purement matériel qui se produisirent dans les républiques grecques et italiennes nous semblent aujourd'hui tout à fait méprisables ; chaque parti prétend maintenant défendre le Droit et la Vérité. Les anciennes factions démagogiques étaient fondées sur la simple division de la Cité en riches et en pauvres ; elles amenèrent la ruine de tous les pays où elles se produisirent ; jusqu'ici les États modernes ont marché, d'une manière plus ou moins chancelante, dans une voie que tous regardent comme progressive ; les socialistes comptent bien faire réaliser au monde des progrès plus décisifs que ceux du passé ; on ne saurait donc les confondre avec des démagogues, uniquement occupés de satisfaire les désirs matériels des masses.

Le socialisme renferme des éléments spirituels et tout au moins en renferme-t-il en tant qu'il est intéressé au développement de la démocratie ; car la démocratie n'a essentiellement que des fins spirituelles : la liberté, le droit pour tous, etc. Je sais bien que pour Marx le socialisme n'est pas un accroissement de la démocratie et que celle-ci donne à l'opposition des classes sa perfection ; mais si la démocratie est ainsi, dans une certaine mesure, le contraire du socialisme, elle est aussi un aliment de son progrès, car c'est grâce à elle que l'éducation populaire peut se faire de la manière la plus complète. La contradiction entre démocratie et socialisme porte surtout sur l'économie ; leur accord, sur le côté spirituel de la vie sociale.

Marx avait observé [1] que les démocrates s'imaginent qu'ils peuvent s'élever au-dessus des luttes des classes ; ceci est tout à fait naturel d'après ce qui vient d'être dit ; les démocrates luttent pour faire disparaître des tyrannies, pour combattre les états qui prétendent gouverner — soit en raison du talent, soit en raison de leurs professions— ; ils cherchent à développer l'esprit de liberté et à augmenter les garanties juridiques données aux hommes ; leur attitude les éloigne des considérations économiques. Les socialistes ont aussi à lutter contre les mêmes ennemis que les démocrates et ils participent à toutes les luttes pour la liberté, comme s'ils étaient, ainsi que les démocrates, affranchis du sentiment spécifique de classe.

---

1 Marx. *La lutte des classes,* page 231.

La lutte contre le militarisme est la plus difficile a mener de toutes celles que l'on peut engager contre la domination ; elle reste, le plus souvent, un simple exercice de rhétorique et ne rencontre que de l'indifférence. Combien de personnes se sont vraiment intéressées aux méthodes de gouvernement employées à Madagascar ? Combien ont été sérieusement émues par les récits de la guerre de Chine ? Chose plus singulière encore : il existe une littérature considérable sur le régime des corps disciplinaires ; mais aucun homme politique ne sent l'utilité de prendre en main la réforme de ces abus ; l'opinion publique ne s'en préoccupe guère, les hommes politiques les ignorent officiellement.

Pour qu'on puisse agir efficacement contre le militarisme, il faut qu'il se présente des circonstances vraiment extraordinaires : l'affaire Dreyfus se trouvait dans ce cas ; mais on ne trouve pas toujours deux circonstances pareilles dans un siècle. Par suite de la rencontre de beaucoup de hasards, des hommes appartenant à toutes les classes de la société et à des partis très opposés s'étaient réunis en vue de poursuivre une œuvre qui pouvait produire de très grands résultats pratiques et démocratiques. Les socialistes qui ont cru que le dogme de la lutte de classe s'opposait à leur participation à ce grand combat se sont montrés plus scrupuleux sur leurs principes que n'avaient été les rois de France : ceux-ci, malgré leur dévotion, s'allièrent bien souvent aux protestants d'Allemagne contre les souverains catholiques d'Espagne et d'Autriche.

Il n'est pas possible d'engager une lutte efficace contre le militarisme dans des conditions autres que celles-là ; il faut qu'il y ait un *amalgame* dans les partis, de telle sorte que cette lutte ne puisse pas prendre l'allure d'un mouvement antipatriotique ; en France, l'idée patriotique est si fortement liée aux souvenirs démocratiques de la Révolution que les campagnes les mieux menées échouent dès qu'on peut leur opposer une campagne pour la défense de la patrie.

Vouloir attaquer le militarisme avec les seules forces du socialisme, c'est marcher à un échec certain et rendre le socialisme impopulaire. Dans l'affaire Dreyfus, il n'y avait aucune question d'ordre juridico-économique en jeu ; et par suite que venait faire là *le précepte de la lutte de classes* ? Quelques auteurs, mal informés des principes du socialisme moderne, ont trouvé ce bel argument que Dreyfus était riche et que les malheurs d'un riche ne devaient pas intéresser les pauvres ; et ils ajoutaient que beaucoup de pauvres diables étaient martyrisés dans les ateliers de travaux publics. Et après ? L'argument aurait pu avoir quelque valeur s'il se fût agi de savoir quel degré de sympathie méritent les victimes des conseils de guerre ; mais il ne s'agissait pas de cela, mais de savoir quelles sont les circonstances les plus favorables pour réunir des forces suffisantes en vue de lutter contre la domination de la classe militaire.

C'est dans l'anticléricalisme que l'on trouve, le plus complètement peut-être, l'amalgame des diverses classes sociales ; il représente parfaitement la lutte journalière contre la domination, parce que le prêtre est en contact journalier avec le citoyen, tandis (pie l'oligarchie militaire n'exerce qu'une tyrannie intermittente. Je crois qu'il n'y a pas d'action plus importante pour activer la propagation du socialisme dans les campagnes que l'action anticléricale : qu'on lise, d'ailleurs, les journaux socialistes de province, on verra que leur principal moyen d'influence est la guerre contre les curés.

GEORGES SOREL

ISBN : 978-2-37976-292-5

www.ingramcontent.com/pod-product-compliance
Ingram Content Group UK Ltd.
Pitfield, Milton Keynes, MK11 3LW, UK
UKHW042102131224
452457UK00005B/419